Le Bienheureux

Rodolphe d'Acquaviva

et ses compagnons martyrs

(S. J.)

Panégyrique

Prononcé dans la Primatiale Saint-André de Bordeaux
le 14 novembre 1893

Par le Père BABONNEAU, des Frères-Prêcheurs

Le Havre
Librairie ecclésiastique F. Dumesnil
11, rue de Paris, 11
1894

LE BIENHEUREUX

RODOLPHE D'ACQUAVIVA

ET SES COMPAGNONS MARTYRS

S. J.

✝

Imprimatur.

Raym. Boulanger,

Prov. ord. Prædi.

3 décembre 1893.

Le Bienheureux

Rodolphe d'Acquaviva

et ses compagnons martyrs

(S. J.)

Panégyrique

Prononcé dans la Primatiale Saint-André de Bordeaux

le 14 novembre 1893

Par le Père BABONNEAU, des Frères-Prêcheurs

Le Hâvre

Librairie ecclésiastique F. Dumesnil

11, rue de Paris, 11

1894

DU MÊME A LA MÊME LIBRAIRIE

Le Bienheureux de la Salle (2ᵉ édition), prix 0.fr. 50.

Le Bienheureux Grignon de Montfort. Trois discours (2ᵉ édition), prix : 1 fr. 25.

L'Orphelinat de Saint-Martin-du-Bec, prix : 0 fr. 50.

Le Père Lacordaire et les jeunes gens (4ᵉ édition), prix : 1 fr.

LE BIENHEUREUX
RODOLPHE D'ACQUAVIVA
ET SES COMPAGNONS MARTYRS

> Amen dico vobis nisi granum frumenti cadens in terram mortuum fuerit, ipsum solum manet ; si autem mortuum fuerit, multum fructum affert.
>
> En vérité je vous le dis, si le grain de froment jeté en terre ne meurt pas, il reste seul ; mais s'il meurt, il porte beaucoup de fruit.
> (S. Jean, chap. XII, v. 24-25).

Éminence (1),
Messeigneurs (2),
Mes Frères,

Dans notre fin de siècle égoïste et sensuelle, il est au moins un mot qui n'a pas perdu tout son vieux prestige et qu'on ne peut prononcer, notamment parmi nous, sans éveiller dans l'âme les meilleurs instincts. C'est le mot de sacrifice.

(1) Son Éminence Mgr le Cardinal Lecot, archevêque de Bordeaux, primat d'Aquitaine.
(2) Nosseigneurs Cœuret-Varin, évêque d'Agen et Fulbert-Petit, évêque du Puy.

Le sacrifice est l'oubli de soi-même jusqu'à l'immolation et plus belle est la cause pour laquelle on s'immole, plus le sacrifice grandit dans l'estime qu'il inspire. L'ami généreux qui s'expose au péril pour sauver son ami a droit d'être acclamé par tous les grands cœurs, mais la mère de famille qui s'immole en secret pour la vie de ses enfants, l'emportera encore dans notre admiration et, si c'est pour l'honneur et le salut de la patrie que vous bravez la mort sur tous les champs de bataille, au jour de vos obsèques, le pays tout entier, sans distinction de parti, se lèvera pour déposer sur votre tombe la couronne des héros; au besoin même, il suspendra ses fêtes pour payer, avant toutes les autres, cette dette la plus sacrée de toutes. Vous l'avez vu hier dans notre noble France, où la reconnaissance a toujours couronné le vrai patriotisme.

Si beaux que nous paraissent ces divers sacrifices, j'en connais pourtant un autre qui les surpasse tous en grandeur parce qu'il les efface en générosité. Ce que l'on aime au fond dans ses amis, dans sa famille, voire même dans son pays, c'est après tout soi-même, c'est sa propre personne plus ou moins reproduite, dilatée, idéalisée. Mais s'immoler pour la vérité pure, pour le bien, pour le beau, sans retour d'intérêt ; mais mourir pour cet Être invisible, le Christ, qui depuis dix-huit siècles ne parle plus à nos sens ; mais offrir en hommage à ce Christ la mort sous telle forme qu'il lui aura plu de nous suggérer, la plus obscure comme la plus éclatante, la plus ignominieuse comme la plus douloureuse, ah ! c'est là, convenez-en, le sacrifice sans égal, parce que c'est là l'oubli sans mesure de soi-même !

Aussi bien personne ne s'y méprend, et tandis qu'aux autres sacrifices on prodigue, à bon droit, toutes les manifestations de la louange, on réserve, pour celui-ci, ce respect religieux qui relève du culte et qui s'appelle la *vénération*.

La grande école du respect, l'Église catholique, a le don de faire mieux encore. Dans sa langue liturgique, elle crée à l'usage exclusif des nobles victimes de ce sacrifice un nom à part comme leur héroïsme ; elle les nomme *martyrs,* et, sous ce vocable sacré, elle les inscrit d'office à son Martyrologe ; elle recherche partout les restes de leurs corps pour les placer sur ses autels et elle convie ses enfants à venir les prier.

Voilà ce qu'elle vient de faire en l'honneur des martyrs de l'Inde et de la Chine ; voilà ce que vous avez vous-même compris en accourant si nombreux pour célébrer leur triomphe et aussi — nous ne l'ignorons pas — tout heureux d'apporter à leurs frères en saint Ignace et en saint Dominique le témoignage d'une sympathie d'autant plus précieuse qu'elle emprunte aux circonstances actuelles toute la portée d'une manifestation ; je pourrais dire d'une protestation. Soyez-en remerciés !

Que notre reconnaissance monte également jusqu'à ces princes de l'Église qui, mus par les mêmes sentiments, n'ont pas hésité à quitter leur diocèse pour rehausser nos fêtes par l'éclat de leur présence et de leur voix. Qu'elle aille trouver surtout la personne auguste de votre éminent Cardinal, votre Père Bien-Aimé. A lui revient, après Dieu, le mérite de ces fêtes fraternelles, vivant symbole de la Communion des saints, où l'on peut voir deux grands Ordres s'embrasser sur les autels réunis de leurs martyrs. C'est lui qui les a inspirées, encouragées, bénies ; c'est lui qui, pour leur donner un cadre plus grandiose, nous a ouvert toutes grandes les portes de sa Basilique, comme il nous tient toujours ouvertes les portes de son cœur. A lui donc toutes nos actions de grâces !

Quant à moi, mes Frères, qui tiens de l'obéissance la mission aussi lourde que glorieuse de mêler ma voix à cet immense concert, vous me pardonnerez la liberté que je prends de borner mon récit à la personne d'un seul des martyrs de l'Inde, le Bienheureux Rodolphe d'Acquaviva. Dans les étroites limites du temps où je dois forcément circonscrire ma parole, il me serait difficile de mener de front avec sa vie celle des autres Bienheureux : *Alphonse Pacheco, Antoine Francisco, Pierre Berna* et *François Aranah*. Providentiellement rassemblés des quatre coins du ciel, ces généreux apôtres ne se sont rencontrés que pour mourir ensemble. C'est donc dans la mort que nous les retrouverons pour leur payer collectivement le tribut d'éloges qui leur revient de leur commun martyre.

*
* *

Le martyre, mes Frères, dans sa plus exacte définition, c'est un vrai sacrifice dont le terme dernier est toujours Dieu et les âmes en Dieu — Dieu qui doit être aimé par dessus tous les êtres et qui peut parfois en exiger la preuve dans l'effusion du sang ; — les âmes pour lesquelles certains hommes peuvent s'éprendre aussi d'un tel amour qu'à l'exemple du Christ, ils n'hésiteront pas à souffrir et à mourir pour les amener à partager leur foi.

Le double amour de Dieu et des âmes en Dieu, voilà donc ce qui fait tout ensemble le martyr et l'apôtre ; voilà ce qui, notamment, a fait Rodolphe d'Acquaviva ; voilà ce qui l'a poussé au sacrifice suprême. Nous n'aurions donc de sa vie qu'une idée imparfaite, si nous ne la replacions dans ce cadre du sacrifice qui seul en éclaire bien toutes les parties.

Le *Sacrifice*, à le considérer en lui-même, dans sa

notion essentielle, est intégralement constitué par les trois actes d'*oblation*, d'*immolation* et de *communion*. Mais de plus, il est très souvent précédé d'une phase préparatoire plus ou moins prolongée, qui peut quelquefois même en devenir le prélude nécessaire. Dans le sacrifice de Rodolphe, cette phase s'accuse très nettement ; elle tient même, on peut le dire, toute sa vie ; elle demande, par conséquent, qu'on l'étudie tout d'abord avec le plus grand soin.

I

A *préparation* du sacrifice, c'est, si je puis ainsi dire, la mise au point de la victime ; c'est sa consécration, sa sanctification. — Sa consécration qui la sépare du monde et la réserve à Dieu ; — sa sanctification qui l'amène au degré voulu de perfection pour la faire agréer.

C'est qu'en effet, mes Frères, ne vous y trompez pas, ne se donne pas à Dieu qui veut. La Pureté par essence s'accommoderait mal d'une victime souillée ; la Beauté sans mélange verrait d'un mauvais œil une victime tarée ; le Créateur souverain ne saurait accepter l'hommage de ses enfants que s'il monte vers Lui porté par des mains pures. Lors donc que Dieu désire dans le monde un nouveau sacrifice, la première chose qu'il fait, c'est d'en choisir lui-même la victime entre mille : *Non vos me elegistis sed ego elegi vos* (1). C'est le fait mystérieux entre tous de la *vocation* qui va prendre Jacob et délaisse Esaü.

Dans le palais princier et quasi royal des ducs d'Atri, au royaume de Naples, Rodolphe, encore tout petit enfant au milieu de ses sept frères, entendit distinctement la voix d'en haut qui l'appelait au martyre et, comme le jeune Samuel dans la maison du grand-prêtre, il ne sut que répondre : « *Ecce ego quia vocasti me* (2). Me voici. Je suis prêt ». Prêt, il croyait l'être, et de fait il l'était déjà par le cœur et le désir. Mais ce n'est pas assez. Le plus souvent il faut à la vocation du martyre, comme à celle du sacerdoce, une initiation longue et minutieuse. Il faut que la victime s'emploie à se dépouiller et à se parer tout ensemble en vue de son sacrifice et, ce double travail, il faut qu'elle le poursuive simultanément et sans trêve sous l'action d'en haut, jusqu'au jour marqué où, n'ayant plus rien

(1) Joan, XV, 16.
(2) I Reg. III, 5.

d'elle-même et tenant tout de Dieu, elle sera reconnue digne de lui être immolée.

Pour Rodolphe, cette première préparation s'accomplit au foyer de la famille, dans les bras d'une sainte mère. Dirigé par ses soins et surtout prévenu par la grâce, à cet âge — nous dit son historien (1) — où ses semblables savent à peine ce qu'est la piété, Rodolphe prouvait par ses actes qu'il savait ce qu'est la sainteté. C'est dire combien le travail du dépouillement avait été précoce dans sa vie. Mais ce qui devait le consacrer et le précipiter en doublant son mérite, ce fut, à l'âge de dix-sept ans, son entrée en religion ; ce fut notamment le choix qu'il fit de cet institut célèbre où l'abdication plus complète, ce semble, de toute volonté propre ajouterait, s'il était possible, aux trois vœux essentiels qui transfigurent l'homme et font le religieux. J'ai nommé — et certainement vous l'avez fait avant moi — la sainte Compagnie de Jésus, à laquelle je suis tout heureux d'adresser en ce moment, dans mon humilité, le salut deux fois fraternel.

(1) *Rodolphe d'Acquaviva*, par le R. P. Suau. S. J.

Mille obstacles se dressaient devant Rodolphe pour l'empêcher de suivre son attrait, et les plus redoutables, vous le comprendrez sans peine, lui venaient de sa famille, du fait de sa naissance. Aussi, pour les dompter et réussir à aliéner sa liberté au profit du Christ, le vit-on déployer toutes les énergies, mettre en œuvre toutes les ressources auxquelles d'autres ont recours pour aliéner la leur au profit de leurs passions. Et pourtant, peut-être eût-il échoué dans cette lutte ingrate, si Dieu ne lui eût ménagé une intervention décisive dans la personne même du Souverain Pontife. L'instrument choisi dans cette rencontre par la divine Sagesse, nous sommes heureux de le constater ici, fut l'une des plus pures gloires de l'Ordre des Prêcheurs, l'immortel saint Pie V.

Au comble de ses vœux, Rodolphe devait marcher à pas de géant dans la rude carrière du dépouillement total.

La Compagnie de Jésus était encore à son berceau. Elle avait à sa tête l'un des premiers compagnons de son saint Patriarche, saint François de Borgia, et son modeste noviciat n'était pas autre chose qu'une pépinière de saints, au milieu desquels florissait, tout aimable et gracieux, le jeune Stanislas Kostka, digne précurseur de l'angélique Louis de Gonzague, lui-même proche parent de notre Bienheureux Rodolphe. Le noviciat d'un ordre à son début, paradis de délices, que toutes les religions ont tour à tour connu au printemps de leur vie ! Eden embaumé dont les fleurs vivantes s'épanouissent plus fraîches sous le regard de Dieu, qui ne dédaigne pas de venir parfois en respirer le parfum, comme il faisait jadis pour nos premiers parents dans l'état d'innocence ! — Dans cette pure atmosphère, qui dira les progrès que la grâce opérait dans l'âme de Rodolphe ? qui dira les ascensions intimes auxquelles elle ne cessait de le solliciter, parce qu'il ne se lassait pas de répondre à ses vues ? — Dans le monde, sa rayonnante pureté lui avait valu le surnom de petit ange l'*Angiolo;* en religion, elle lui fit oublier plus d'une fois les dures nécessités que nous imposent nos corps. — Dans le monde, il méprisait l'argent, et n'en usait jamais qu'au bénéfice des pauvres, car les pauvres il les aimait tellement que, tout jeune qu'il fût, on l'appelait leur père ; en religion, il mettra toute sa joie à se sentir plus pauvre que les pauvres et tout son plaisir à en étaler partout le spectacle humiliant, et, dans les rues de Macerata, on se montrera le fils du duc d'Atri, en habits rapiécés, tendant la main pour demander l'aumône comme le dernier mendiant ! — Dans le monde enfin, il se trouvait heureux de faire plier sa jeune volonté devant celle des autres ; en religion, son suprême bonheur sera de ne plus rien vouloir, de se remettre entre les mains de ses supérieurs comme un souple instrument qu'on prend ou qu'on délaisse, qu'on emploie à son gré à tel ou tel usage, sans redouter de sa part la moindre résistance.

Sublime dépouillement auquel le monde lui-même ne pourrait refuser son admiration, s'il voulait simplement en pénétrer la cause et les effets divins, si, au lieu de s'obstiner à le voir isolément, il consentait à regarder en même temps les richesses sans nombre qu'il attire dans l'âme pour y combler les vides qu'il commence par creuser. Comme il verrait clairement alors que le ciel vient lui-même avec toutes ses splendeurs remplacer dans cette âme les pauvretés de la terre dont elle s'est dégagée !...

Le noviciat de Rodolphe devait en être pour tous la preuve manifeste.

En entrant en religion, il y apportait une intelligence tellement enveloppée que ses maîtres inquiets hésitaient à l'admettre à prononcer ses vœux ; mais peu de temps après, sous le rayonnement du Verbe *qui illumine tout homme venant en ce monde* (1), le voile s'était dissipé et son esprit s'était du même coup révélé si lucide, si large, si pénétrant, qu'on pouvait lui confier sans crainte, avant même ses études terminées, les fonctions les plus difficiles peut-être de l'enseignement, le cours de philosophie. Son cœur, affectueux par nature, était devenu de plus en plus embrasé d'amour pour Dieu et pour ses frères, et rien ne lui coûtait pour en donner la preuve. Son caractère, déjà trempé de force et de douceur, avait

(1) Joan., I, 9.

acquis de plus, sous l'empire de la vertu, ce charme pénétrant, don des natures d'élite, auquel rien ne résiste. Enfin il n'était pas jusqu'à son corps qui ne trahît, dans sa modestie même, avec la distinction naturelle à sa race, tous les trésors d'une âme où la grâce débordait.

N'était-ce pas, après le dépouillement de la victime, sa parure virginale dans tout son couronnement, et déjà n'était-il pas permis de dresser l'autel où elle devait monter? Choisie par Dieu lui-même et éprouvée par Lui dans ses secrets désirs, que lui aurait-il manqué pour se faire agréer?

Si avancé qu'il fût dans les voies de la vertu, l'heure pourtant n'était pas venue pour Rodolphe. Sept années le séparaient encore du but; sept années qui allaient lui compter plus que toutes les autres ensemble, parce qu'elles devaient lui coûter davantage!

⁂

Ce qui dispose une âme aux vues de Dieu sur elle,

c'est bien en premier lieu le saint et passionné désir qui naît de sa vocation et qui, concentrant toutes ses énergies vers cet objet unique, l'incite par là même à laisser sans pitié tout ce qui n'y tendrait pas par le plus droit chemin. Mais ce qui la pousse encore plus promptement au but, c'est l'attente prolongée et constamment déçue qui achève d'épurer tout ce que son désir retient à son insu de personnel et d'humain; c'est cette mystérieuse conduite de la Providence qui, pour réaliser au mieux de sa créature les saintes convoitises du bien qu'elle lui a suggérées, semble parfois s'en jouer ; tantôt les trahissant, quand elles touchent au but, tantôt les exauçant, au moment même où, de l'aveu de tous, elles sont désespérées. C'est alors que l'âme, fatiguée de s'agiter en vain, forcée de s'avouer par une dure expérience que d'elle-même elle n'est rien et ne peut rien, décide de s'en remettre à Dieu seul du soin de sa destinée et, inébranlablement confiante dans le résultat final, comme un petit enfant, elle s'endort tranquille dans les bras de son père, insouciante de l'heure où il la réveillera ! Disposition suprême que Dieu attendait pour entrer en scène et tenir ses promesses.

L'apostolat lointain, prélude d'un martyr assuré dans la pensée de Rodolphe, tel avait été son rêve depuis sa tendre enfance, et ce rêve, étant donné sa nature ouverte, n'était resté un mystère pour personne, moins encore pour ses maîtres. Mais sa santé précaire et ses rares talents leur paraissaient à tous des motifs plus que plausibles de n'y point donner suite, au moins pour le moment. Ils avaient compté sans le ciel, sans les pieuses industries qu'ils avaient enseignées à leur fidèle disciple et dont celui-ci allait se souvenir à propos pour tromper leurs desseins. Je veux dire les jeûnes, les prières, les mortifications de toute forme et de toute nature auxquelles Dieu lui-même ne sait pas résister. Aussi quelle ne fut pas la stupéfaction des supérieurs de Rodolphe quand ils le virent un jour tout triomphant leur apporter un ordre signé du Très Révérend Père Général, enjoignant à tous d'avoir à le laisser partir pour les Indes orientales, à destination de Goa.

A Goa, où Rodolphe aborde après le plus mouvementé et le plus périlleux des voyages, il descend au collège de Saint-Paul, que dirigeait la Compagnie. Mais là, il est de nouveau contrarié dans ses vues par le Père Supérieur qui le retient d'office pour enseigner la scolastique aux jeunes novices ses frères. Cette épreuve fut d'un an, et pendant tout ce temps, jamais ses désirs si violemment déçus ne se trahirent par la plainte la plus légère. Au terme de cette épreuve, on l'envoie soudain à six cents lieues de là, au fond de l'Indoustan, à Fathepour, capitale de la Mogolie. Akbar, qui en était le souverain, demandait des missionnaires capables de l'instruire dans la doctrine du Christ et on ne voyait personne plus en mesure que Rodolphe de remplir son attente.

*
* *

C'est une curieuse figure que celle de cet empereur tartare dont le faste, la valeur personnelle et la puissance sans bornes sont restés légendaires dans tout l'Extrême-Orient. Il appartenait, pour son malheur hélas! à cette race d'hommes qu'on retrouve partout, à quelques variantes près, dans leurs traits essentiels. Très souvent pourvus des plus brillantes qualités de l'esprit et du cœur, sincèrement épris du beau et du grand, sous toutes les formes possibles, curieux à l'excès de toute vérité, même et surtout de la vérité religieuse, ils ne profiteront pourtant d'aucune de ces dispositions pour fixer en eux le règne de la vertu sur les bases de la foi; il leur manquera toujours le courage nécessaire pour imposer à leurs sens et à leur orgueil le double sacrifice que la vertu réclame. Malheureuses victimes d'une faiblesse incurable, livrés tour à tour, comme une proie vivante, aux plus nobles aspirations et aux plus basses passions, ils finissent par mourir désespérés de n'avoir su satisfaire ni les unes ni les autres, et le blâme qui les suit dans leur tombe ne saurait pourtant se séparer d'un reste de pitié!

Akbar était sur le trône le type accompli de ces

hommes encore plus malheureux que misérables. Rodolphe eut tout le loisir de le constater à ses propres dépens.

C'était par un tressaillement joyeux de tout son être qu'il avait répondu à l'appel du tartare. Enfin il touchait le but ! Enfin il allait donner un aliment sacré à la double passion qui, depuis sa naissance, se partageait sa vie ! Proclamer que Jésus est Dieu, le vrai Dieu, le seul Dieu, qu'en dehors de son nom, il n'y a partout sur terre qu'erreur et mensonge, folie et perdition !... Cette croyance de son âme la jeter toute vibrante, la crier non pas seulement aux échos assourdis des palais, mais aux quatre vents du ciel, mais dans toutes les villes, sur tous les toits, dans toutes les rues, sur toutes les places publiques d'un empire colossal ; et enfin, comme argument suprême, sceller de son sang sa parole et sa foi ; en un mot, parler aux Mogols en apôtre pour mériter de mourir de leurs mains en martyr. Quelle joie ! Quelle ivresse ! Quelle sainte volupté !... Telles étaient les riantes perspectives qui faisaient palpiter le cœur d'Acquaviva à son entrée à la cour de Fathepour.

Désillusion cruelle ! Dans cette cour idolâtre et voluptueuse où Satan était maître, Rodolphe ne connaîtra ni les consolations de l'apôtre, ni les âpres jouissances du martyre. A peine arrivé, il se fait du monarque un ami enthousiaste dont le dévouement à sa personne ne se démentira plus. Mais là devaient se borner ses conquêtes. C'était trop et trop peu, trop pour le martyr, trop peu pour l'apôtre. — C'était trop, car son royal ami devait maintes fois intervenir pour le sauver des fureurs homicides de ses sujets, fureurs que le fougueux apôtre aurait si volontiers attisées pour s'en faire immoler ! comme jadis, dans l'arène, les condamnés du Christ aimaient à exciter l'indolence des fauves. — C'était aussi trop peu, parce que rivé par les sens au culte des idoles, Akbar se croira en même temps obligé de les défendre contre les initiatives trop hardies de Rodolphe. Dans son désir de tout concilier, le monarque s'arrêta à une combinaison bizarre qu'il pouvait seul trouver.

Manifester à tous l'estime et l'affection qu'il portait à Rodolphe en le comblant d'honneurs et en le chargeant de richesses ; en même temps paraître condescendre à ses désirs d'apôtre en l'autorisant à donner une fois chaque semaine, dans l'intérieur de son palais, une conférence religieuse contradictoire à laquelle prendraient part tous les savants renommés de son empire, mais dont tous les détails seraient réglés d'avance, dont tous les écarts de forme ou de pensée seraient soigneusement réprimés, dont par conséquent aucun effet sérieux ne devait pas sortir ; voilà ce que l'empereur Akbar avait imaginé pour satisfaire Rodolphe ! voilà la situation exceptionnelle qu'il prétendait créer, à son profit, parmi les ministres attitrés de sa cour !

En dépit de toute la sincérité qu'il y mettait sûrement, je ne sache pourtant pas un moyen de vengeance plus raffiné et plus sûr au service d'un ennemi astucieux. Songez donc ! Avoir foulé aux pieds l'orgueil de la naissance et tout ce qu'elle suppose ; avoir tout quitté, parents, patrie, amis ; avoir franchi les mers, avoir mis entre soi et tout ce que l'on aimait quatre mille lieues de distance, et finalement devenir, quoi donc ? un missionnaire de cour à la solde d'un empereur, un apôtre de parade dont la parole facile et la science variée devront tenir en éveil les curiosités du maître et faire diversion à ses soucis royaux en amusant son esprit sans troubler sa conscience ! Non, une pareille épreuve ne pouvait se prévoir. Elle était trop cruelle et aussi trop nouvelle ; sous le rapport des souffrances, elle laissait bien loin derrière elle le martyre du sang. Ce fut pourtant l'épreuve qu'allait subir trois années durant Rodolphe d'Aquaviva ! Nous l'avons dit, Dieu devait le permettre pour achever d'épurer sa victime et aussi pour montrer à tous en sa personne que parfois, dans les sacrifices qu'il nous demande, le moment le plus dur n'est pas à beaucoup près celui où le couteau s'enfonce jusqu'à la gaîne dans les chairs palpitantes, mais celui où, toujours suspendu sur la tête du patient, il ne s'abat jamais, parce qu'il est retenu par des liens dorés ! C'est alors, comme disait sainte Thérèse, qu'on meurt en vérité de ne pouvoir pas mourir.

Après trois années passées dans ce supplice, Rodolphe se rendant enfin compte qu'il n'avait rien à espérer, au point de vue de la foi, de ce prince et de ce peuple, se décide à aviser ses supérieurs de la situation et attend tranquillement qu'ils statuent sur son sort. Leur décision fut prompte. Rodolphe était rappelé d'urgence à la résidence de Goa, et, à peine de retour, chargé de diriger les travaux d'une mission dans la presqu'île de Salsette, située à trois milles environ au sud de Goa.

En lui confiant ce poste, les supérieurs pensaient le soustraire pour longtemps aux dangers du martyre ; en réalité ils l'y vouaient dans le plus bref délai.

Purifiée par trente ans de prières, de larmes et de jeûnes, entièrement sevrée de ce qui tient le plus au cœur, dévorée nuit et jour par la flamme du désir, parée enfin de toutes les grâces et de toutes les beautés, la victime était mûre pour le saint sacrifice. Déjà elle ne tenait plus à la vie de la terre que par l'enveloppe de chair, seul lien qu'eut à briser la hache du bourreau pour qu'elle volât vers Dieu.

II

E *Sacrifice*, tel qu'il nous apparaît dans les rites de toutes les religions, tel surtout qu'il rayonne dans le type immortel qui efface tous les autres, le Sacrifice, avons-nous dit, c'est un drame en trois actes : l'*Oblation*, l'*Immolation*, la *Communion*.

L'*Oblation* c'est l'offrande faite à Dieu de la vie de la victime. L'*Immolation*, c'est le Sacrifice lui-même qui en toute vérité lui en fait la remise. La *Communion* enfin, c'est la répartition des fruits du Sacrifice.

Vous avez pu le voir, mes Frères; la première oblation que Rodolphe avait faite de sa personne au Seigneur, n'était pas de date récente. Elle remontait aux jours de sa petite enfance, alors qu'il entendit, dans le palais de ses pères, la voix qui l'appelait. Oblation généreuse, complète, sans retour ni regrets ; oblation qu'il devait, jusqu'à la fin de sa vie, renouveler incessamment, sans qu'on puisse dire pourtant qu'il l'eût répétée, puisqu'elle n'était jamais sortie de sa pensée.

Au noviciat de Rome et au cours de ses études, que de fois ses amis en eurent la confidence ! Que de fois même ils le surprirent, à l'imitation de l'athlète qui s'essaie au combat, répétant à part lui son rôle de martyr, pour le mieux représenter au moment solennel, alors que se croyant seul il se mettait à genoux et que, découvrant sa gorge, il disait tout haut dans ses brûlants désirs : « Mon cœur est prêt, mon Dieu ; mon cou est prêt, ô le Dieu de mon cœur ! »

Dans la dernière année de son scholasticat, jaloux d'obtenir du ciel la grâce tant convoitée et qui semblait le fuir, il se levait chaque nuit pour s'infliger une rude flagellation qui durait un quart d'heure, souvent même une demi-heure. Aussi, quand, ayant réussi contre toute espérance, il part pour Goa, c'est alors sous la forme significative d'un long cri de joie qu'il renouvelle à Dieu l'offrande de sa vie et quand, un an plus tard, il est appelé à la cour du Mogol, il en profite pour écrire à son oncle, le R. P. Claude d'Acquaviva, le futur général de la Compagnie : « C'est un peu marqués pour la mort que nous allons chez ces mahométans, et pourtant nous partons remplis d'une joie telle, qu'en ce qui me concerne, je n'en ai jamais éprouvé de semblable. »

A Salsette, la première chose qu'il fait en y débarquant, c'est de renouveler avec tous ses frères ses vœux de religion et d'y joindre, comme toujours, son éternelle offrande. Aussi, au moment suprême, quand déjà la hache du bourreau s'abattait sur sa tête, la formule d'oblation tant de fois répétée jaillit-elle, comme d'elle-même, avec son dernier souffle, de ses lèvres mourantes.

Dans le sacrifice de Rodolphe, le premier acte fut donc parfait de tout point. Le second, l'Immolation, ne devait rien lui céder en beauté et en grandeur.

⁂

A l'époque précise où le Père Rodolphe abordait à Salsette, c'est-à-dire dans la seconde moitié du XVIe siècle, tous les peuples de l'Europe étaient travaillés du souffle irrésistible qui, à l'heure où je parle, nous emporte nous-mêmes aux conquêtes d'outre-mer. Mais si, comme aujourd'hui encore, plus d'une vue d'ambition et même d'intérêt se couvrait mal des plus nobles prétextes, la différence des procédés était radicale quand, la conquête finie, l'heure était venue de la consolider. Tous les gouvernements d'alors, sans aucune exception, appelaient à leur aide le ministère du prêtre. Tous étaient convaincus qu'en convertissant les âmes à la foi du vrai Dieu, le prêtre faisait plus que toutes les armées pour conquérir les cœurs à leur nouvelle patrie.

C'était le plus souvent sa vie qu'on demandait à l'apôtre de sacrifier dans ces missions barbares. L'apôtre le savait bien ; mais qu'était-ce que sa vie quand il la comparait aux intérêts en cause ? D'ailleurs, qu'il vécût ou mourût, tout était gain pour lui, et, dans l'alternative, la mort n'était-elle pas ce qu'il devait souhaiter ? Pour lui personnellement, il y gagnait le ciel, et de son sang répandu, il montait au cœur des vaincus un tel arome de dévouement qu'il en chassait pour toujours la haine à l'endroit des vainqueurs ! Pour comprendre et résoudre autrement le problème toujours posé de l'assimilation des races, pouvons-nous justifier de résultats meilleurs ?

Quoi qu'il en soit, c'était exclusivement de cette manière qu'entendait procéder le vice-roi des Indes, à l'égard de la presqu'île de Salsette. Dans le but de pacifier, après avoir conquis, il voulait que la croix fît oublier l'épée, la robe du missionnaire l'uniforme du soldat, les temples du vrai Dieu les forteresses hostiles. Seulement il se trompait étrangement sur la facilité de la tâche qu'il confiait au zèle de la Compagnie et sur l'absolue sécurité dont il se portait garant.

D'un territoire très restreint, la presqu'île de Salsette n'en était pas moins pour les Brahmes la Terre-

Sainte par excellence, le foyer, le sanctuaire qu'ils devaient disputer à tout prix à la profanation, et parmi ses villages, il en était un surtout, celui de Coucolim, qui se faisait remarquer par la fureur extrême de son fanatisme. Emporté par sa nature ardente, Rodolphe l'avait précisément choisi pour y inaugurer sa mission pacifique. Le feu attire le feu; aussi, du premier coup, allait-il au brasier et, par un acte chevaleresque qui sentait bien sa race, il avait tenu à honneur de prévenir les chefs du village que le lendemain, à la tête de quatre de ses frères et d'une cinquantaine de chrétiens indigènes, il se rendrait au milieu d'eux pour procéder à l'érection d'un autel et d'une croix.

Incapables de le comprendre, tout au contraire se croyant provoqués, les Brahmes bondissent de fureur et s'engagent par serment devant leurs idoles à faire servir l'autel et la croix des chrétiens à leur propre supplice. Aussi les prêtres du Seigneur avaient à peine franchi l'entrée du village qu'ils étaient, sans le savoir, cernés de tous côtés par plus d'un millier d'hommes altérés de leur sang. Quand ils s'en aperçurent, il n'y avait plus qu'une chance de salut, et encore pour un seul. S'adressant à Rodolphe, un chrétien dévoué le presse de s'enfuir sur l'excellente monture qu'il tenait toute prête. S'enfuir, c'est-à-dire déserter le cher petit troupeau dont il avait la garde ! C'est-à-dire surtout laisser échapper, peut-être pour toujours, cette grâce du martyre, que depuis son enfance il avait désirée, attendue, poursuivie, sollicitée comme le but de sa vie, grand Dieu, qu'on le connaissait peu !

A la vue des bourreaux qui bondissaient sur eux comme une bande de fauves, nos courageux martyrs eurent un même mouvement qui procédait visiblement d'une même inspiration, le mouvement du prêtre qui, debout à l'autel au moment solennel du divin sacrifice, le regard perdu au ciel dans un élan d'amour, présente une dernière fois les espèces consacrées avant de les consommer. Tous ensemble nos martyrs lèvent en haut les yeux comme pour dire qu'ils sont prêts, puis, croisant les mains sur leur poitrine, ils attendent la mort.

Rodolphe est frappé le premier. D'un coup de son cimeterre, un jeune homme forcené lui tranche les jarrets. Tombé sur ses genoux, le martyr défait lentement et sans mot dire le col de sa soutane, l'ouvre du côté gauche, penche la tête à droite et offre son cou nu au fer du meurtrier. Vous la retrouvez là, mes Frères, la sublime attitude que le novice de Rome avait tant de fois étudiée à part lui, dans le secret de sa cellule ! Exaspéré par l'excès de son calme, le païen lui fait deux profondes entailles, sans pourtant réussir à détacher la tête. Un second bourreau lui porte alors un coup si terrible qu'il sépare presque le bras du buste ; enfin une flèche l'atteint en pleine poitrine et l'achève. Mais, avant d'expirer, le disciple du Christ trouve encore dans sa foi la force de murmurer les dernières paroles du Maître : « Seigneur, pardonnez-leur ! Saint François Xavier, priez pour nous ! Seigneur, je remets mon esprit entre vos mains ! » et ayant répété trois fois cette dernière invocation, il s'affaisse, baigné dans son sang. Comme le Sauveur du monde il avait trente-trois ans.

Rodolphe mort, la rage des bourreaux se reporte sur ses quatre compagnons : l'humble Père coadjuteur François Aranah qui ne devait expirer que le lendemain, après la plus horrible agonie ; le Père Pierre Berna, qui avait suivi Rodolphe de Lisbonne à Goa ; le Père Alphonse Pacheco qui, dans sa terreur d'être seul épargné, rappelait à plaisir aux brahmes tout ce qu'il avait tenté pour détruire leurs idoles et, enfin, le Père Antoine Francisco, dans le calice duquel, le matin même de ce jour, au très saint sacrifice, le sang du Christ avait miraculeusement bouillonné comme pour appeler le sien ! De ces quatre missionnaires dont aucun n'avait plus de trente-trois ans, et d'une cinquantaine environ de chrétiens indigènes, ardents à partager la mort de leurs Pères, les barbares idolâtres eurent bientôt fait un affreux massacre. Mais leur vengeance n'était pas assouvie. Il fallait maintenant faire disparaître leurs restes ; il fallait les priver des suprêmes honneurs qu'on ne manquerait pas de leur rendre. Ils les précipitent donc au fond d'une citerne en ce moment pleine d'eau, et, pour les cacher plus complètement, ils comblent la citerne de couches multiples de fascines et de feuilles mortes. Et alors seulement ils se dispersent, la joie au cœur, les chants de triomphe aux lèvres, allant redire partout que tout était fini, qu'ils avaient à jamais enseveli, avec les corps des missionnaires, leur doctrine abhorrée.

Pauvres insensés ! Ridicules pygmées qui osaient se mesurer avec le Roi immortel des siècles et son Œuvre géante ! Pas plus tard que demain ils allaient constater, pour leur compte, comme l'avaient fait leurs devanciers et comme le feront éternellement leurs imitateurs, que dans l'Église du Christ rien n'est jamais fini, mais que tout est toujours à recommencer ; que *le sang des martyrs est l'éternelle semence d'où naissent les chrétiens*, et que depuis le Golgotha, après l'*Immolation* qui semble en vérité consommer la victime, il y a la *Communion* qui soudain la fait reparaître transfigurée en Dieu et, sous sa nouvelle forme, la distribue au monde comme une sorte de sacrement !

⁂

La *Communion* dans le sacrifice c'est, avons-nous dit, la participation aux fruits qui en résultent ; participation à laquelle doit naturellement présider un ordre rigoureux.

Le premier qui y a droit à tous les titres possibles, c'est évidemment celui qui en est tout ensemble le Principe et le Terme, c'est-à-dire Dieu ! Chaque fois que, des veines entr'ouvertes d'un martyr, le sang coule dans le monde, Dieu regarde et tressaille ; il s'épanouit ; il est heureux, et si nombreux que soient les crimes de l'humanité, il a toujours pour elle des trésors de pardon, parce qu'elle a encore pour lui des réserves d'amour et qu'elle le lui prouve, en glorifiant dans son sang le plus pur ses meilleurs attributs : sa souveraineté suprême que la victime affirme en se laissant détruire — sa sainteté absolue, c'est-à-dire sa séparation radicale de tout être créé, que la victime proclame en disant par sa mort que de toutes les vies une seule est nécessaire, la sienne ! — sa justice inflexible que la victime confesse en s'employant d'office à la satisfaire ; enfin, sa vérité révélée que la victime atteste par la plus grande des preuves.

Mystérieux effets du sacrifice de l'homme sur le cœur de Dieu ! A eux seuls ils suffisent à nous montrer pourquoi il faut éternellement au monde du sang, du sang pur, du sang généreux, et ils nous disent aussi ce qu'il en adviendrait le jour où, par impossible, la source en tarirait dans les veines des martyrs !

Au premier rang, après Dieu, c'est la victime elle-même qui a droit de communier aux fruits de son sacrifice, et s'il fallait déterminer dans une formule précise la part qui lui revient de fait, je dirais que le sacrifice confère à sa victime sinon le tout, du moins quelque chose de la dignité même de l'Être supérieur pour lequel elle s'immole. Cet Être supérieur pour lequel nos martyrs s'immolent finalement, nous l'avons dit maintes fois, c'est avant tout la personne même de Dieu. C'est donc quelque chose de Dieu même que leur immolation fait passer dans leur sang. Oui, mes

Frères, et, pour étrange que puisse vous paraître cette proposition, elle n'a rien que d'exact. Déjà solennellement sacrée avant de monter à l'autel, c'est-à-dire réservée à l'usage de Dieu seul, la victime l'est bien plus encore au cours du sacrifice; elle vit alors de Dieu; elle est unie à Dieu; elle communie à Dieu, et, dans cette communion, elle emprunte à Dieu, pour la manifester, sa puissance infinie. Jadis c'était le feu qui, descendant du ciel aux prières du prêtre, marquait l'instant précis où Dieu se révélait. Aujourd'hui, pour qui sait regarder, la seule attitude du martyr au combat suffit à nous montrer quand Dieu s'unit à lui. Ce courage inouï qui le pousse invincible aux tortures aiguës, ce calme, cette présence d'esprit, cette maîtrise de soi que nous admirions tout à l'heure dans Rodolphe, et qui s'allie si bien dans l'âme de tout martyr, même des faibles femmes et des petits enfants, au bonheur débordant, aux élans extatiques continués sur les charbons ardents ou sous les fouets barbares, tout cela, dites-moi, est-ce de l'homme? est-ce de notre nature? est-ce de notre puissance? Oh! non, convenez-en, tout cela n'est plus de l'homme; c'est du Dieu tout pur; c'est le signe visible de la transfiguration divine en voie de s'accomplir ; c'est la parole du Maître traduite sous nos yeux en caractères vivants; c'est la vie de la terre qui, au même moment s'efface et reparaît, touchée déjà des clartés éternelles. *Qui perdit animam suam in hoc mundo, in vitam æternam custodit eam* (1). — Et quand le sacrifice a consommé son œuvre, quand du corps des martyrs florissants de jeunesse et rayonnants de beauté, comme ceux de nos Bienheureux, il a fait un amas sans nom, sans forme, sans aspect, d'ossements mutilés et de chairs en lambeaux, alors, dans une intuition vraie, le plus simple fidèle ne s'y méprend pas plus que l'Église elle-même, parlant d'inspiration par la voix des Pontifes. On se jette avidement sur ces saintes reliques; on s'en dispute avec acharnement, comme des trésors sans prix, les plus minces parcelles; on les baise; on les prie; on les garde enchâssées dans l'or et dans la pourpre, et au milieu des maux sans nombre, grands ou petits, qui

(1) Joan., XII, 25.

assaillent ici-bas la pauvre humanité, on leur attribue, pour nous en délivrer, la même vertu puissante qui jaillissait autrefois du corps sacré du Christ. Témoignage saisissant d'une foi unanime à la présence de Dieu dans la chair des martyrs aussi bien que dans leur âme ! Preuve irréfutable qu'aux yeux de tout chrétien, en mourant pour Jésus ces *témoins* invincibles ne dépouillent leur vie que pour prendre la sienne, que, les premiers de tous, ils ont conquis le droit de s'approprier la parole de l'apôtre : *Vivo, jam non ego, vivit vero in me Christus. Je vis mais ce n'est plus moi qui vis, c'est Jésus qui vit en moi* (1) et que cette vie nouvelle va, par delà la tombe, ranimer et réjouir leurs ossements humiliés. *Exultabunt Domino ossa humiliata* (2).

Dans la communion aux fruits du sacrifice, après la part de Dieu et celle de la victime, je vois la part des âmes que la victime aimait et au salut desquelles elle s'était consacrée. La presqu'île de Salsette avait à peine

(1) Galat., II, 20.
(2) Psalm., L, 9.

bu le sang de ses apôtres que cette terre jusqu'alors aride et réfractaire à tous les efforts, se prit soudain à fleurir, comme un jardin fertile, à la foi du vrai Dieu. Les bourreaux eux-mêmes, travaillés par le sang qu'ils avaient versé, essayèrent longtemps de résister à sa vertu intime. Bon gré, mal gré, il leur fallut céder et on finit par les voir aux pieds de leurs victimes, vaincus, repentants, se frapper la poitrine et demander pardon. Chose aussi merveilleuse! Au fond de la Mogolie, à la cour de Fathepour, quand arriva la nouvelle du martyre de Rodolphe, Akbar, inconsolable de la perte de son meilleur ami, réclama, comme compensation, de nouveaux missionnaires, leur promettant cette fois une entière liberté, et les frères du martyr, couverts par son nom, pénétrèrent sans aucune peine dans ce pays ingrat, qu'à défaut de son sang et même de ses sueurs, Rodolphe avait si souvent arrosé de ses larmes, et ils ne tardèrent pas à y faire germer une magnifique moisson. Ainsi se vérifiait une fois de plus la parole du Maître : « *En vérité, je vous le dis, si le grain de froment qu'on jette en terre ne commence par mourir, il demeure isolé, mais s'il meurt, il porte beaucoup de fruit* (1). » Ainsi la mort du martyr vint-elle venger la vie de l'apôtre de l'apparence de la stérilité. Ainsi enfin, pour parler comme saint Augustin, fallait-il que Rodolphe fût d'abord victime, c'est-à-dire vaincu, pour avoir le droit de devenir vainqueur. *Ideo victor quia victima.*

Dans la même communion au sacrifice fécond de nos martyrs, je vois, ayant encore le droit de revendiquer une part et de fait l'obtenant, je vois, dis-je, quiconque se rapproche de près ou de loin de leur personne sacrée : leur famille naturelle qu'ils ont bien pu quitter pour un plus grand amour, mais qui n'est jamais sortie de leur cœur et de leur pensée; leur famille spirituelle, cette sainte Compagnie à laquelle, après Dieu, ils doivent leur bonheur. Je vois, sans acception de personne, tout chrétien, quel qu'il soit, qui se sent inspiré d'invoquer leur appui. Je vois enfin l'Église tout entière, notre mère bien-aimée, la sainte Église catholique, apostolique et romaine, qui, d'un

(2) Joan., XII, 24.

bout du monde à l'autre et de la terre au ciel, étroitement reliée par l'Amour infini dans une même communion de gloire et de vie, de foi et d'espérance, de luttes et de victoires, tressaille et se retrempe dans une nouvelle jeunesse, chaque fois que des martyrs font pleuvoir sur elle comme l'ondée bienfaisante de leur sang chaud et pur.

★
★ ★

En rappelant, mes Frères, à l'attention distraite de notre siècle, le souvenir déjà lointain des cinq martyrs de l'Inde, et en ceignant leurs fronts de l'auréole des Bienheureux, nul doute que l'Église ne se soit proposé pour fin particulière de rouvrir à notre profit la source toujours féconde de leur sacrifice et de nous convier nous-mêmes à y communier. Il n'y a, pour s'en convaincre, qu'à jeter un coup d'œil sur la triple oraison qu'elle leur a dédiée dans son nouvel office.

A la voix de notre Mère, sachons donc nous tourner vers nos chers Bienheureux, notamment en ces jours que nous avons voulu leur consacrer, et du fond de nos âmes, faisons monter vers eux nos plus ferventes prières.

O Rodolphe, ô martyrs, dont la mort a confondu les noms, en échange de ces honneurs que nous vous offrons de si grand cœur dans notre pauvreté, obtenez-nous ce don sans prix qui a été pour vous, comme pour tous les élus, le principe du bonheur, ce don qui, à l'heure actuelle, semble plus que jamais manquer à notre vie chrétienne : l'amour et l'esprit du sacrifice !

Obtenez-le pour tous ces fidèles qui, jaloux de vous acclamer, emplissent en ce moment cette immense basilique. Tous ils en ont besoin pour pratiquer leur foi dans toute son étendue et, si Dieu le demandait, dans toutes ses exigences.

Obtenez-le pour nous, prêtres et religieux, pour traverser la crise de l'heure présente chrétiennement, c'est-à-dire dignement, c'est-à-dire fièrement, c'est-à-dire enfin inébranlablement fidèles, sans céder un de nos droits, sans trahir un de nos devoirs !

Obtenez-le enfin pour l'Église tout entière, à tous

les degrés de sa hiérarchie sainte, afin que régénérés et vivifiés comme nos glorieux martyrs par l'esprit de sacrifice, nous puisions, nous aussi, à la même source, la même force invincible qui nous rendra vainqueurs : *Ideo victor quia victima !*

Ainsi soit-il.

IMPRIMÉ À ROUEN

PAR LA MAISON CAGNIARD

www.ingramcontent.com/pod-product-compliance
Lightning Source LLC
LaVergne TN
LVHW021702080426
835510LV00011B/1542